EQUIPOS DE TRABAJO

También de J. Delgado-Figueroa

Ficción:
Tropical Snow
Susan and Her Elders
Salomé ríe mejor, una novela en dieciséis carcajadas
Lamentos borincanos
A Shade Short of Bleak
Our Father Takes a Bride
'Twas the Season: A Tale of Yuletide Yunsers
El cura se nos casa, un guion novelado
Plays of Betrayal: Positive and Negative, Medea Vaughn
La cuarterona/The Quadroon (editor y traductor)
The Friar's Lantern: A Comedy of Terrors
Cautiverio y otros relatos burgueses
Con tanta sinceridad: Cuentos (1975-2015)
Navidad que vuelve, memorias de un dependiente de tienda
Crushed at the Crossing or the Tyranny of Freedom (drama)

Ensayo:
Metaphor and Politics
Jalda arriba, jalda abajo, la fantasía retórica del E.L.A.
The Non-Trainer's Guide to Training
Training for Non-Trainers: A Practical Guide
Oedipus at Columbia: What the Blind Man Heard on the Bus
The Loneliness of the Low-Budget Filmmaker

J. Delgado-Figueroa

Equipos de trabajo

La clave de la productividad

3ra. Edición
Corregida y actualizada

Ediciones El Laberinto

United States • Bogotá • Sydney

Ediciones El Laberinto
Calle 9 Núm. 26-46
Bogotá 111971, Colombia
+57 489 7989

U.S.A. Distributor: amazon.com

Diseño: Mizraím Orlani-Tous

Tercera Edición

Copyright © 2018 Joseph F. Delgado
ALL RIGHTS RESERVED
QUEDAN TODOS LOS DERECHOS RESERVADOS

Ninguna parte de este libro puede reproducirse en forma alguna, distribuirse o almacenarse en tipo alguno de dispositivo electrónico o magnético sin el consentimiento expreso del autor.

Composición deTalleres El Laberinto
Bogotá, Colombia

CONTENIDO

Sobre el autor, *vii*

Los equipos de trabajo, cuestión de productividad, *11*

Las características de un equipo, *19*
Al tomar decisiones, 21
Resumen de aspectos de un equipo, 24
A la larga, ¿qué determina la efectividad del equipo?, 26
Definición de un equipo, 27
La metáfora del equipo, *31*
La comunicación, instrumento vital para colaborar, 34
¿Comunicación o colaboración?, 36
Origen y función de los roles para colaborar en el equipo, *40*
Etapas en el desarrollo de un equipo, *44*
    Autoridad, *47*
    Lucha, *49*
    Consenso, *51*
Para repasar y pensar, 57

Cómo funciona un equipo, *5**

Aspectos de la operación de un equipo, *60*
    La participación, *60*
    La influencia, *76*
    La afiliación, *91*
    El clima, *93*

Las emociones, *96*
El manejo de tareas, *98*
El manejo de la comunicación, *102*
Para convertir un grupo en equipo de trabajo, *104*
Para repasar y pensar..., *112*

Apéndice, *115*

Referencias, *125*

SOBRE EL AUTOR

José Delgado Figueroa se ha desempeñado como consultor privado en desarrollo gerencial, comunicación comercial internacional y reingeniería de procesos organizativos. Ha sido especialista en adiestramiento técnico para el uso científico de supercomputadoras Cray, vice presidente de Sistemas Educativos para Convergent Systems, Inc., y miembro superior del personal técnico en el Instituto de Ingeniería de Programación de la Universidad Carnegie Mellon, donde dirigió proyectos de educación técnica y desarrollo ejecutivo. Su carrera profesional abarca además cargos docentes y administrativos en las universidades de Puerto Rico, Minnesota y Carolina del Sur. En esta última fue catedrático visitante en el Programa Postgraduado de Estudios de Comercio Inter nacional. Ha dictado conferencias y ha facilitado talleres sobre educación profesional y la facilitación del aprendizaje para adultos. Ha sido asesor de la Oficina del Fiscal Federal de Distrito en Carolina del Sur.

El doctor Delgado Figueroa es autor de numerosos artículos sobre asuntos técnicos y educativos, además de los libros *The r0hetoric of change, metaphor and politics in the Commonwealth of Puerto Rico*, *Training for nontrainers, a practical guide* y varias novelas, entre las que se destacan *Salomé ríe mejor* y *Lamentos borincanos*.Sus programas educativos para uso con sistemas de computadoras incluyen series para enseñar español como idioma extranjero, gramática inglesa, matemática compu tacional y control de calidad, publicados por EMC Publishing, Control Data Publishing y la Encyclopaedia Britannica Educational Corporation.

Delgado Figueroa se recibió de doctor en lingüística y teoría de la comunicación en la Universidad de Minnesota; se diplomó en administración comercial y derecho en las universidades de St. Thomas, en St. Paul, Minnesota y Pittsburgh, respectivamente.

Equipos de trabajo

La clave de la productividad

1 Los equipos de trabajo, cuestión de productividad

¿Por qué interesan los equipos de trabajo en el mundo de los negocios? ¿Qué vienen a aportar en ambientes comerciales y administrativos que funcionan hace años, siglos, sin necesidad de agrupaciones?

No hace mucho que el trabajo en empresas públicas y privadas era cuestión de la labor de individuos, autorizados por una estructura organizativa para ejecutar tareas específicas. Al conjunto de tareas relacionadas con cada puesto se le ha conocido tradicionalmente como *el empleo*. En la ejecución del empleo, las oportunidades para relacionarse con compañeros y jefes en la empresa tradicional se han limitado a juntas para informar, generalmente en forma vertical, de arriba hacia abajo, las determinaciones que han tomado los principales. La participación del supervisor en decisioines sobre el modo de realizar el empleo ha sido mínima.

No obstante, numerosos estudios basados en la observación de grupos de trabajo indican que, en la mayoría de los casos, el ambiente de trabajo que aísla a los empleados entre sí o entre divisiones y que separa al supervisado del supervisor con barreras invisibles, no genera el mejor producto posible. Al contrario, reducir obstáculos a la comunicación abierta y entre niveles administrativos tiende a mejorar las actitudes y la productividad de los empleados. Es importante reconocer que un empleado que lleva una cantidad de tiempo realizando ciertas tareas puede conocer mejor su trabajo y las maneras de mejorarlo, que un supervisor cuya distancia del trabajo es, por necesidad, mucho mayor. Permitir al empleado compartir con supervisores y colegas sus ideas sobre cómo aumentar la productividad y cómo resolver problemas pertinentes al trabajo, motiva al empleado y refuerza la posición de una empresa con relación a otras, lo que tiene serias implicaciones para las empresas privadas y públicas. Es asunto de mejorar productos y servicios, de tomarle la delantera a la compañía rival en un mercado cada vez más amplio y de sobrevivir frente a un ambiente sin fronteras de intercambio de información y tecnología.

Por supuesto, no basta con mejorar la comunicación: se necesita implantar medidas que enfoquen, en primer plano, el proceso para tomar decisiones y resolver problemas y, en segundo lugar, el proceso para acercarse a un problema específico. Es en este aspecto que el trabajo en equipos puede contribuir positivamente a mejorar la productividad y el sentido de valía personal de los empleados. Se trata de trabajar en equipos compuestos por individuos que aportan sus destrezas y conocimientos para fortalecer los procesos de trabajo y los resultados de la labor en conjunto, ya se trate de un proceso de mejoramiento continuo o de un esfuerzo de reingeniería de procesos. No es ésta una idea nueva: el refrán que nos recuerda que "en la unión está la fuerza" es evidencia de la tradición cultural que precede al concepto. Su aplicación en el mundo del trabajo, sin embargo, es un fenómeno relativamente reciente cuyos méritos celebran y disfrutan empresas exitosas en todo el mudno.

Trabajar en equipos enorgullece al individuo como contribuyente al éxito, mediante la participación activa en la forma de ejecutar tareas y en el resultado del esfuerzo común.

Darle énfasis al equipo desmonta, pues, el aparato caudillista en el mundo del trabajo y coloca en su lugar el dínamo que solamente puede proveer el conjunto coordinado para llegar a una meta. No se trata ya de cuestiones de autoridad por designio, sino de competencia en la realización de tareas, subtareas y procesos, a través del reconocimiento de que la sabiduría administrativa no se limita a las altas esferas empresariales. Tampoco se trata de ausencia de liderazgo, sino todo lo contrario: es más bien asunto de asignar el mando, según lo requiera la situación, a la persona que mejor conozca el asunto por resolverse. En este ambiente, es necesario recordar que varias cabezas que piensan en conjunto pueden producir más y mejores ideas que uno o más cerebros que funcionen por separado.

Nuestras sociedades por lo general conocen bien la idea del equipo: el mundo del deporte funciona en gran medida sobre la base de la agrupación por equipos. Estos tienen en común aspectos de reglas y técnicas que aseguran la competencia leal y la consecución de un objetivo: ganar. Los equipos, pues, operan mediante estrategias, técnicas y procedimientos que les son propios—cómo y cuándo se apliquen depende de la tarea que trate de completar el equipo. Las técnicas proveen instrumentos, herramientas, medios: los miembros aportan destreza, entusiasmo, esfuerzo y creatividad, tanto en la toma de decisiones como en la manera de aproximarse a la solución de problemas.

Naturalmente, ningún programa de mejoramiento de calidad o de proceso de mejoramiento continuo, de los que el trabajo en equipos es parte, funciona si el empleado (igual que el jugador de un equipo atlético) no percibe que ello conlleva beneficios a corto o largo plazo. Las recompensas pueden ser de varios tipos: cuando se trabaja en equipos, además de las ganancias materiales para empresa y empleado, los miembros reciben el premio del orgullo, de ver sus ideas y sus esfuerzos ubicados en un lugar de importancia personal y colectiva, en el ambiente de trabajo así como en su grupo social.

Las páginas que siguen caracterizan el equipo de trabajo: qué es, para qué sirve y los elementos esenciales para que funcione con eficacia un equipo. El **primer tema** provee la base para comprender los factores que influyen en el éxito de un equipo; el **segundo** amplía el primer tema con ejemplos y guías específicas para realizar las tareas de un equipo. Esta información se fundamenta en la experiencia profesional internacional con el desarrollo y fomento del trabajo por equipos. No es teoría, sino práctica acumulada a través de varios años en ambientes de trabajo productivo. Finalmente, los apéndices presentan formularios útiles para la labor administrativa de un equipo, además de un listado de referencias bibliográficas mínimas para aquéllos que deseen conocer más a fondo los mecanismos que impulsan al equipo de trabajo.

2 LAS CARACTERÍSTICAS DE UN EQUIPO

Propósito Familiarizarse con los rasgos principales de un equipo eficaz.

Al igual que cualquier otro, el equipo de trabajo debe tomar en cuenta cómo la calidad de la interacción que se realiza para alcanzar un fin determinado influye en el proceso de la toma de decisiones. Debe percatarse de cómo se manifiestan los obstáculos a la labor de un equipo y del dinamismo con que un equipo evoluciona o del estancamiento que puede sufrir. La información que aparece bajo este primer tema ayuda a comprender los elementos básicos.

AL TOMAR DECISIONES

Pensemos un momento en una situación que requiere una decisión:

De visita en una ciudad desconocida, cinco colegas de una firma salen con el fin de cenar. Se espera que todos cenen juntos. No cuentan con transportación. De acuerdo con la diversidad de personalidades que componen el grupo, como mínimo deben considerar: (1) los tipos de restaurantes disponibles, (2) las preferencias gastronómicas de cada cuál, (3) los precios en relación con la cantidad de dinero que cada miembro del grupo tiene, (4) la distancia entre el hotel donde se hospedan y el restaurante, (5) las horas de servicio del restaurante, (6) la hora a que cada cuál prefiere comer, (7) el tipo de vestimenta que podrían llevar, ya sea formal o casual, y (8) el tiempo disponible para tomar una decisión.

Una situación similar puede ocurrir entre amigos y colegas, en el ambiente profesional así como en el social. El objetivo es seleccionar la mejor alternativa, la que satisfaga a todos sin perjudicar a nadie en los aspectos más importantes para cada quién. ¿Será posible? ¿Cómo se llegará a decidir? ¿Habrá una opinión que se imponga sobre las demás? ¿Cuál será la base de la decisión final? ¿Habrá alguien que seleccione contra su voluntad por mantener la armonía? ¿Qué tal de la persona que se oponga tenazmente a las decisiones que conflijan con la suya? ¿Podrán estar todos de acuerdo con la selección sin discutir antes las preferencias de cada cuál? ¿Cómo se relacionan la posición de alguien en la firma y el peso que ejerza sobre los demás su selección de un restaurante?

En caso de grandes diferencias, ¿cómo se podría llegar a una solución común sin herir personalmente a nadie? ¿Cuánto tiempo se tomaría llegar a un acuerdo?

Cuando se trabaja en equipos, las respuestas a preguntas semejantes a las anteriores son de vital importancia. De cómo se contesten depende el éxito de la decisión, el

respaldo que los miembros den a la decisión y la forma en que se concrete esa decisión. Las decisiones que se toman en conjunto pueden determinar la sobrevivencia de un departamento, una
división y hasta una empresa entera. El trabajo en equipos requiere, por lo tanto, que el proceso a través del cual se toma una decisión considere los siguientes aspectos: el nivel de participación de los miembros, el grado de influencia que cada miembro tiene en la decisión, el clima de trabajo, las actitudes emocionales de los miembros, los elementos de la tarea y los elementos esenciales para sostener la marcha del proceso.

Aspectos de un equipo

Participación, influencia, eficacia, clima, manejo de tareas, manejo de comunicación

RESUMEN DE ASPECTOS DE UN EQUIPO

Vistos rápidamente, los aspectos de un equipo eficiente incluyen:

• La **participación**: Todos los miembros participan en la solución de problemas y en la toma de decisiones.

• La **influencia**: Una vez terminada la discusión, todos los miembros se sienten responsables de y comprometidos con la realización exitosa de la decisión del equipo.

• La **afiliación**: El líder del equipo orienta y motiva; el puesto de líder se ocupa por turnos: el líder designado no se siente amenazado, porque sabe que el liderazgo se funda en la pericia, no en autoridad fija. Los conflictos se consideran parte saludable y vital del proceso de solucionar problemas. Cada conflicto se resuelve mediante la colaboración y la negociación. Cuando el equipo encuentra obstáculos, intenta hallar el origen del problema. El equipo trae los conflictos a la superficie y al ocuparse de ellos ataca el asunto, no a personas; los miembros consideran los conflictos sin culparse mutuamente o a sí mismos; los miembros toman medidas para evitar que se repita una situación problemática. A los miembros que se retraen, se les alienta para que se integren a la discusión.

• El **clima**: Prevalece un ambiente de confianza y comprensión. Los miembros del equipo se sienten libres para comunicarse abiertamente. El equipo entero considera las expresiones de suposiciones y expectativas, para determinar si son válidas o pertinentes.

• Las **emociones**: El equipo admite que la incomodidad, el desagrado y la frustración con asuntos y procesos son naturales e intenta ocuparse de tales actitudes en conjunto. Los miembros tratan de verificar si comprenden las ideas y los puntos de vista de los demás antes de emitir juicio sobre ellos.

• El **manejo de tareas**: Todos entienden las tareas del equipo claramente y las aceptan. Los miembros reconocen situaciones en las que es apropiado trabajar individualmente, en parejas o en el equipo en pleno. El equipo reconoce que no puede escoger entre decidir y no decidir, sino en **cómo** decidir.

• El **manejo de la comunicación**: Los miembros del equipo son diestros en cómo dar y recibir reacciones constructivas. Los miembros se escuchanactivamente unos a otros: se aseguran de que entienden correctamente lo que alguien quiere decir, antes de estar de acuerdo u oponerse.

A LA LARGA, ¿QUÉ DETERMINA LA EFECTIVIDAD DEL EQUIPO?

El criterio definitivo contra el que se puede juzgar si un equipo es eficaz es **la solidez de sus determinaciones y decisiones a la luz de las limitaciones dentro de las cuales se ha tenido que tomar la decisión**. Para llegar a ese punto, el equipo tiene que sentir un compromiso firme para lograr sus metas. Realizar su tarea y realizarla lo mejor posible son asuntos de primera prioridad para el equipo.

Realizar la tarea lo mejor posible requiere que el equipo tome decisiones a través de consenso—y el consenso sólo se puede conseguir mediante la colaboración.

¿Cómo llega el equipo a ese punto? Para empezar, el equipo necesita definirse como una entidad diferente a otras.

¿Es un equipo eficaz?—La prueba final:

- Decide sólidamente bajo ciertas limitaciones.
- Toma decisiones mediante la colaboración.
- Convierte la tarea en su preocupación central.
- Se compromete a lograr sus fines.

DEFINICIÓN DE UN EQUIPO

Un equipo es **un conjunto de personas orientadas hacia la realización de una tarea.** Estas personas se sienten motivadas por su capacidad para trabajar en conjunto, están plenamente comprometidas con alcanzar un alto nivel de productividad y le dan importancia a la efectividad con que interactúan los miembros del grupo durante el proceso de trabajo.

Un equipo es más que un grupo. Piense en un grupo como individuos que se reúnen tal vez al azar desde diversos puntos de origen. Cada individuo tiene intenciones que pueden ser diferentes, en mayor o menor grado, de las intenciones de otros. Un ejemplo extremo de un grupo disímil es el que se encuentra en la sala de espera de una estación de autobuses, donde la mayoría de los pasajeros tiene un propósito en común (llegar a su destino o encontrarse con alguien): si tienen algo más en común, es pura coincidencia. No debe ocurrir así con un equipo.

Además, los grupos pueden ser conjuntos de personas que se juntan para realizar una actividad dada (una junta, una discusión, una protesta, una reunión social) y se dispersan una vez termina la actividad. Tampoco es igual con un equipo: éstos por lo general perduran más de solamente una reunión o algunas horas, aunque varíen sus miembros y a pesar de que evolucione en las interacciones de los miembros. Por otro lado, la calidad de la interacción entre los miembros y el sentido de orientación hacia un fin común hacen del equipo una organización distinta a un mero grupo. Por consiguiente, la energía con que funciona el equipo es muy diferente a la del grupo—y los equipos tienen juntas, pero no todas las juntas constituyen trabajo por equipos.

Al contrario de un grupo, los equipos pasan por etapas iterativas de desarrollo: comienzo, desarrollo, madurez y fin. Algunos equipos pueden llegar a desarrollarse y alcanzar un alto grado de acoplamiento en algunos minutos; otros, por el contrario, necesitan más tiempo.

Un equipo se caracteriza, además, por el fenómeno de *sinergía*: una fuerza que hace al entero mayor que la suma de sus componentes individuales. Esta fuerza se conoce también como *alineamiento*, observable cuando un grupo funciona como un entero dinámico. Un equipo está alineado cuando sus miembros se encaminan en una misma dirección y comparten una visión de trabajo que conduce a un producto común. En el mundo del deporte, por ejemplo, un equipo de básquet requiere que los jugadores en la cancha estén alineados: todos desempeñan un papel coordinado en el esfuerzo por anotar, aunque solamente uno de los jugadores llegue a encestar.

Las decisiones que toma un equipo, así como las soluciones que aplica a problemas, pueden ser muy superiores a las de cada miembro individualmente. Sin embargo, para que eso ocurra, los miembros del equipo tienen que dirigir sus esfuerzos hacia la colaboración. Algunos equipos carecen de comprensión de la tarea a que se enfrentan y de la mejor manera de completarla. Tales equipos presumen que su condición de "equipo" los prepara para funcionar como tal por arte de magia. Un equi-po que opere así no trabaja con sinergía: funciona al nivel más bajo de la habilidad del miembro menos experto del equipo (*incompetencia diestra*). No es de esperar que personas cuyas habilidades individuales sean brillantes deban funcionar conjuntamente como si fueran mediocres.

Equipo ≠ Grupo
1. Tipo de fines y objetivos
2. Calidad de las interacciones
3. Sentido de propósito compartido
4. Nivel de energía
5. Evolución a través del tiempo
6. Refinamiento del proceso
7. Crecimiento y progreso a pesar de obstáculos
8. Sinergia (alineamiento)

LA METÁFORA DEL EQUIPO

El equipo es una imagen, una metáfora que evoca las características de una organización deportiva: existen puntos de contacto entre un equipo de trabajo y uno de deportes—de ahí el origen del vocablo en el mundo empresarial. Ello explica por qué el vocabulario del trabajo por equipos esté tan saturado de palabras que provienen del atletismo (tocar bases, pasar el batón, anotar un gol). Antes de usar esos términos se debe considerar cómo influyen en la manera de desarrollar un concepto de lo que puede ser el trabajo por equipos, su función y sus metas.

La metáfora tiene límites:

- "Nos vamos a la lucha".
- "Tiró la toalla".
- "Vamos a tocar bases".
- "Pásale el batón".
- "Quiero ser capitán".

Por ejemplo, ¿a qué alude una reunión que se celebra para "irse a la lucha"? ¿Qué implicaciones tiene la frase? Un equipo que se caracteriza por "tirar la toalla" o que delibera "hasta que le toquen la campana", ¿qué imagen proyecta de sus deliberaciones? Si el equipo se reúne para dar la primera patada, ¿qué visión tendrán los miembros de la idea predominante en el trabajo del equipo? Si trabajan como un equipo de fútbol, ¿quién juega delantera?

¿Quién es el portero? ¿Quién tiene la función de detener al adversario antes de que cruce la cancha?

¿Quién es el entrenador? ¿Quién pierde? Algunas metáforas son tan comunes en nuestras conversaciones corrientes, que ni siquiera pensamos en lo que implican: en este caso, es preferible estar consciente de cómo se usa el vocabulario para describir al equipo, a sus miembros y su tarea principal.

Al reclutar miembros para un equipo, es aconsejable recordar que a veces se suele encontrar a varios interesados en ser capitanes, en despecho del importante papel de jugadores.

¿Es entonces recomendable aplicar al equipo de trabajo las mismas categorías descriptivas de un equipo atlético? Obviamente, no. Sin embargo, hay semejanzas. Entre éstas, contamos con: orientación hacia realizar una tarea, objetivo común, esfuerzo por colaborar, uso de estrategias, aplicación de reglas de operación y procedimientos de aplicación reiterada.

Las diferencias, por otro lado, entre los dos tipos de equipos incluyen: una es una actividad física, mientras que la otra es principalmente mental; las posiciones del equipo de trabajo son flexibles, a partir del entrenador, el gerente y hasta el capitán, mientras que en el equipo deportivo suelen ser estables; el equipo de trabajo no sigue indefectiblemente el mismo plan ni las mismas reglas, ni opera siempre bajo las mismas circunstancias.

LA COMUNICACIÓN, INSTRUMENTO VITAL PARA COLABORAR

No empece las diferencias entre clases de equipos, todos tienen que compartir algún modo de comunicarse ideas sobre el trabajo. La clave del éxito de la comunicación no es sencillamente el aumento cuantitativo de datos o de información —importantes por otras razones—, sino la intensificación de la calidad de las interacciones verbales en el equipo.

En el trabajo por equipos, los miembros tienen que comunicarse a través de medios complementarios de *diálogo* y *discusión*. El diálogo permite explorar asuntos complejos cuando nos escuchamos unos a otros auténticamente, a la vez que suspendemos nuestros propios puntos de vista. La discusión, por su lado, presenta y cuestiona o defiende ideas diversas mientras se buscan bases sólidas para apoyar una decisión. El diálogo y la discusión son, por lo tanto, herramientas mediante las cuales un equipo desarrolla y perfila la visión que comparten los miembros sobre el objetivo del equipo.

Naturalmente, no toda la comunicación se compone de diálogo y discusión: hay otro tipo de comportamiento interpersonal más bien relacionado con la colaboración. Es quizás imposible colaborar sin comunicarse; sin embargo, no se trata de actividades equivalentes. Existen diferencias entre ellas.

Cuando nos comunicamos en grupos dedicados a realizar una tarea, de costumbre discutimos lo que queremos hacer, salimos a hacer lo que entendimos que debíamos hacer, nos reunimos nuevamente y a menudo chocamos, redefinimos, reajustamos y nos vamos a rehacer lo que anteriormente habíamos hecho: tal vez repetimos el proceso entero una y otra vez. En algunos círculos, eso se conoce como *desarrollo de prototipos*, pero generalmente se aproxima más bien a la sinrazón. Antes de existir un prototipo, es necesario un plan contra el cual comparar los resultados.

¿Comunicación o colaboración?

La colaboración, en las palabras de M. Schrage, ocurre cuando dos o más individuos diestros en áreas complementarias interactúan para crear y compartir un entendimiento que ningún individuo de por sí había tenido anteriormente ni habría podido alcanzar trabajando independientemente.

Cuando colaboramos, dedicamos igual tiempo tanto a verificar lo que colectiva e individualmente entendemos ser la tarea, como a realizar las actividades que comprenden la tarea misma. En ese esfuerzo, para empezar definimos nuestro vocabulario con precisión y usamos modelos e imágenes que ilustren nuestras ideas sobre la tarea. La colaboración implica que compartimos y seguimos procedimientos básicos para enfrentarnos a la tarea, pero sugiere además que el equipo revisa y modifica los procedimientos cuando le parece necesario: ni la intransigencia ni la inflexibilidad caben aquí. Es este tipo de colaboración el que produce una **comprensión compartida** en el equipo: los miembros comparten su entendimiento de la tarea, el objetivo y el proceso más eficaz para lograr el propósito. La colaboración es, en fin, un método mediante el que resolvemos un problema, enmarcados por un conjunto de limitaciones.

¿De qué limitaciones se trata? Generalmente el equipo puede verse limitado por factores tales como: nivel de pericia, tiempo, recursos físicos, capital, aspectos legales, fronteras burocráticas y tradiciones institucionales. El equipo muy raras veces tiene potestad para reducir o modificar tales restricciones, por lo que debe operar según éstas le permitan, siempre y cuando no sean tan estrechas que hagan la labor del equipo imposible. En ocasiones, las pocas oportunidades que tenga el equipo de modificar las limitaciones requieren un espíritu total de colaboración.

Como en tantos otros casos, no producimos la colaboración necesaria con hablar sobre su importancia solamente. Culturalmente, somos reacios a la

colaboración y tendemos, por el contrario, a celebrar la individualidad a pesar de que públicamente demos énfasis al "pueblo". En el ámbito de las Américas, según indica el sociólogo Edward T. Hall, encontramos situaciones que premian la falta de colaboración. Cuando el talento se orienta hacia forjar una reputación personal, dice Hall, se evita la colaboración.

En la mayoría de los ambientes empresariales no existen tradiciones de colaboración, ocupados como a menudo estamos en llamar la atención a nuestra aportación personal—en espera de la recompensa que otorga la empresa al mérito puramente individual. Es raro reconocer el anonimato de la labor conjunta o celebrar los triunfos del equipo en total antes que dar más valor a los miembros por separado. Sin embargo, la mayoría de los grandes descubrimientos ha sido producto de la colaboración, del diálogo y la discusión entre dos o más personas. Fueron ésas las bases, por cierto, del descubrimiento del ácido desoxirribonucleico (ADN o *DNA*).

Señala M. Schrage que la colaboración se ignora en el pensamiento intelectual occidental. No la propusieron ni Aristóteles ni Platón. Adam Smith aludió a la división del trabajo, pero no a las fuerzas colaboradoras en el trabajo. Marx se refirió a la teoría del valor del trabajo, pero dejó sin examinar los aspectos que tienen que ver con la colaboración. Freud escudriñó las profundidades de la psiquis humana, pero restó importancia al contexto social.

Por lo tanto, es preciso comenzar con

admitir que en esto del trabajo por equipos, el mundo de los negocios tiene poco conocimiento y menos historia. Para llegar a trabajar por equipos primero es necesario reconocer el valor de la colaboración y, segundo, hay que seguir modos sistemáticos de colaborar. En este sentido, el desempeño de papeles de los miembros del equipo ayuda a establecer el principio de la colaboración.

ORIGEN Y FUNCIÓN DE LOS ROLES PARA COLABORAR EN EL EQUIPO

Por tradición, inicialmente alguna división de la empresa organiza el equipo. Alguien con auto- ridad determina que una persona en particular es la mejor para dirigir el equipo, sobre la base de cri- terios que pueden o no ser apropiados. Cuando el equipo se reúne por primera vez, elige a un faci- litador (si los roles de líder y facilitador son distintos) y escoge a alguien para que tome notas. Y el resto, participa. Sencillo, ¿no? Obviamente, ni esa secuencia ni ese proceso son necesariamente los mejores.

En equipos que marchen adecuadamente, el desempeño de papeles es **dinámico**: se basa sobre el **tipo de interacciones**, la **naturaleza de las subtareas** y los **requisitos de los objetivos** del equi- po. Mediante las deliberaciones del equipo es posi- ble que los miembros determinen, por ejemplo, que el líder a quien se ha escogido no sea necesariamente el verdadero experto para todas las actividades del equipo. Por lo tanto, según evoluciona el equipo, el puesto de líder se ocupa por turnos, a base del conocimiento y no de asignaciones externas al equipo. Si el equipo se desenvuelve en una atmós- fera de confianza, el líder a quien se haya señalado inicialmente no se siente amenazado por la natu- raleza rotatoria del puesto. Al contrario: el líder lo acepta como un medio para que el equipo continúe su labor de la mejor forma posible y con posi- bilidades más seguras de llegar a una decisión sólida.

Los demás puestos pueden pasar por los mismos cambios.

Comúnmente, los equipos constan de

cuatro a cinco puestos: líder, facilitador (un puesto que a veces ocupa el líder mismo), anotador, crono- metrador y participante.

• **Líder**: Es éste el gerente del equipo, por así decirlo. El líder es en última instancia responsable de informar sobre el progreso del equipo y de presentar las decisiones de éste al departamento o individuo que autorizó al equipo a funcionar como tal. El líder debe asegurarse de que el equipo tenga a mano los recursos que necesita para realizar su labor; además, se asegura de que todos los miembros comprendan con claridad la tarea y la misión del equipo. El líder describe sus responsabilidades con precisión, de modo que los demás miembros del equipo perciban sus atributos de la forma más uniforme posible. (El apéndice incluye un modelo para una lista de cotejo de las actividades que com-peten al líder.)

• **Facilitador**: Éste no es siempre un puesto equivalente al de líder. La responsabilidad principal del facilitador (o moderador) es asegurarse de que se mantenga el enfoque del equipo y mediar las inte- racciones de los miembros. El facilitador tiene que servir de celador y animador, para garantizar una participación balanceada entre todos los miembros del equipo. Tiene que demostrar, además, su capa- cidad para escuchar activamente y dirigir el proceso de la toma de decisiones.

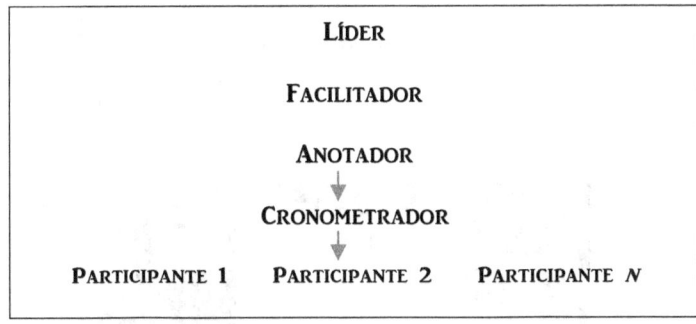

• **Anotador**: Este puesto requiere destrezas sobresalientes para tomar notas. El anotador es lamemoria del equipo. A menudo se le encomiendan los documentos de trabajo del equipo: por lo tanto, el puesto exige que su ocupante sea también una persona organizada.

• **Cronometrador**: El miembro a quien se asigne el puesto de cronometrador lleva el tiempo durante las discusiones del equipo. Les recuerda a los participantes el tiempo que les queda, según el estimado original para cada actividad de la reunión.

• **Participante**: Los participantes hacen justo lo que su nombre indica: participan contribuyendo ideas, evaluándolas cuando es necesario y compar- tiendo el manejo de la discusión cuando es oportuno. El líder y el facilitador son, por supuesto, también participantes. Sin embargo, su cargo les obliga a conservar un clima que anime y apoye la parti- cipación del equipo completo.

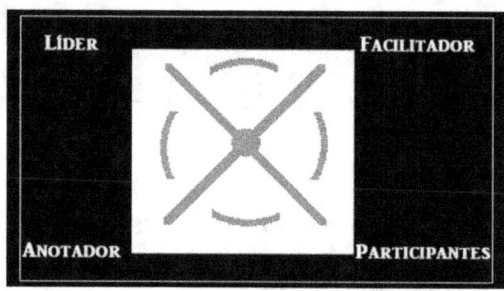

Según evoluciona el equipo, surgen nuevos patrones.

ETAPAS EN EL DESARROLLO DEL EQUIPO

Hasta aquí hemos examinado rápidamente las características de un equipo. Hemos considerado la definición del equipo, sus aspectos y las diferencias entre el equipo y un grupo en general. Señalamos la importancia de la colaboración y su relación con la comunicación; también definimos la sinergia como una fuerza propulsora en el trabajo por equipos. Finalmente, presentamos los rasgos de los puestos que ocupa cada miembro del equipo. Nos en

caminamos, pues, a examinar cómo se desarrolla el equipo.

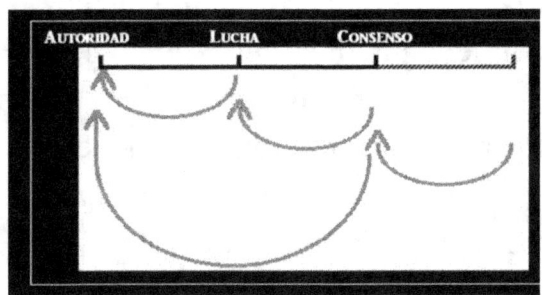

Entre otras ideas, hemos tratado de hacer hincapié en la naturaleza obligatoriamente dinámica, evolutiva del equipo. Ningún equipo que funcione eficazmente puede permanecer siempre en la misma etapa de desarrollo.

Las etapas (o categorías) de desarrollo suelen conocerse por diferentes nombres: algunos expertos en materia de comportamiento de grupos de trabajo identifican también etapas adicionales. Un estudio de 1965, por ejemplo, reconoce cuatro etapas que llama de formación, de inestabilidad, de normalización y de ejecución; otros denominan las mismas fases principio, conflicto, equipo y logro. Tales etapas pueden reducirse a tres básicas: **autoridad**, **lucha** y **consenso**. Las tres conducen al entusiasmo.

En todo caso, las etapas o fases en el desarrollo de un equipo nunca son sucesos que ocurran en compartimientos. Cada estadio es independiente, pero lleva en sí la simiente de la etapa subsiguiente. Es posible también estancarse en una fase y no llegar a salir para moverse a la siguiente, como también podría regresar el equipo a una etapa anterior cuando nuevos elementos se integran o se imponen al proceso de trabajo por equipo—nuevas tareas, nuevos miembros, reorganizaciones, redefinición de objetivos, por ejemplo. A estos cambios que influyen sobre el desarrollo del equipo les llamamos *transformaciones* del equipo. Si el equipo es de constitución fuerte, recibe las transformaciones con optimismo o por lo menos las acepta como sucesos naturales que revitalizan al equipo y como retos que el equipo debe enfrentar. Si, por el contrario, el equipo es de constitución frágil o se encuentra aún en etapas iniciales, las transformaciones son fuentes de amenaza, desorganización y conflicto inmanejable.

Los rasgos definidores de cada etapa son los que aparecen a continuación.

AUTORIDAD

Esta etapa se caracteriza por el gobierno y dirección de una sola persona. Se asigna una tarea, se le autoriza al grupo para que realice la tarea y se asignan roles administrativamente, al menos en el nivel del líder.

En la etapa de autoridad los grupos, que todavía no son propiamente equipos, se comportan de ciertos modos. Por ejemplo: los miembros no se escuchan los unos a los otros, porque se preocupan más por la impresión que causan en los demás. Sus propias preocupaciones tienen más valor que lo que dicen otros.

Los miembros dedican mucho esfuerzo a esconder las debilidades del grupo.

Prevalecen los procesos y procedimientos establecidos en la empresa antes de la formación del equipo. En esta etapa es muy raro que los miembros hagan sugerencias contrarias al sentir y la cultura general de la empresa. Por consiguiente, pocos miembros eligen participar en asuntos de planificación.

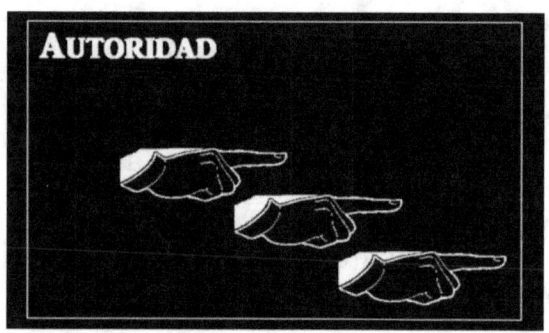

El control del equipo se basa en lazos ajenos al equipo o a la tarea: el "cuatismo" y el compadrazgo predominan, por ejemplo, porque los miembros buscan sentirse seguros en un ambiente desconocido. Con su comportamiento logran enajenar a los que no son de "la ganga".

Las metas y objetivos del equipo

están aún nebulosos. Las decisiones están en manos de "el jefe".

La burocracia en la etapa de autoridad es enorme: a falta de claridad, los miembros se refugian en el papeleo y la rigidez de estructuras preestablecidas.

Lucha

La etapa que sigue a la de autoridad no es muchísimo mejor que la anterior. Durante la etapa de lucha se definen los roles a través de los que funciona el equipo. La asignación de papeles que desempeñar se hace en el equipo, siguiendo o retando la estructura empresarial. El líder asignado oficialmente se considera todavía la persona a cargo del equipo, pero se empieza a retar o cuestionar su competencia, abierta o implícitamente. Los miembros comienzan a darse cuenta de que el líder oficial puede no ser el experto en el proceso o el contenido de las discusiones. Entonces los miembros comienzan a competir por que se les acepte como el verdadero líder: la rivalidad puede ser obvia al discutir. El contenido puede no estar claro todavía; en adición, surgen intereses en conflicto y es necesario enfrentarlos.

Por otro lado más positivo, es también en la etapa de lucha que las opciones se amplían. Los miembros comienzan a experimentar con modelos que con el tiempo pueden llegar a reemplazar procedimientos existentes y posiblemente fosilizados. Se inicia la percepción de que las estructuras existentes pueden obstaculizar la innovación que conduzca a mejorar la productividad y el ambiente de trabajo. Los miembros expresan sentimientos personales en torno de situaciones; no es tabú discutir asuntos que anteriormente podrían considerarse peligrosos, dada la cultura de la empresa. La mayoría de los miembros demuestran habilidad y disposición para escuchar.

Los miembros, en la etapa de lucha, llegan a preocuparse por el sentir y las opiniones de los demás en el equipo.

La misión del equipo queda discutida y clarificada. Además, el liderazgo se ve más lúcidamente en relación con la tarea y menos con las asignaciones autoritarias externas al equipo.

CONSENSO

Si el equipo llega a resolver los conflictos de la etapa de lucha, logra la etapa de consenso: a esta estapa es imposible llegar mientras los miembros estén haciendo afirmaciones que socaven las decisiones del equipo.

Esta etapa se considera generalmente la de trabajo de equipo de verdad. Para conseguir colocarse en esta etapa, los miembros se han ocupado ya de los asuntos relacionados con aceptación personal y respeto. Quedan por consiguiente libres para fijarse en la influencia que tienen en las deliberaciones del equipo en su totalidad. La preocupación central en esta etapa es la de cómo colaborar individualmente con el equipo. La pregunta guía es, ¿cómo puedo ayudar a que nuestro equipo se distinga? Es obvio que en este nivel la competencia interpersonal cede a las relaciones de cooperación.

En esta etapa se puede observar que el equipo desplaza el liderazgo entre los miembros según domine cada cuál las destrezas necesarias para realizar las subtareas de la tarea principal: la posición oficial de cada miembro en la empresa queda anulada como criterio para seleccionar al líder. Las actitudes defensivas y la importancia del yo individual quedan reemplazadas por la colaboración.

Los miembros sienten un compromiso cada vez mayor con realizar la tarea del equipo. Éste opera en sus deliberaciones con procedimientos estables y pertinentes al estilo de trabajo y a la tarea.

Como indica el nombre de la etapa, al llegar a este punto los miembros toman las decisiones por consenso. Una decisión es el producto de un proceso de consenso si al tomarla le preceden varios pasos:

1. El equipo ha obtenido información suficiente y pertinente para realizar un análisis concienzudo.

2. Las perspectivas individuales sobre la información, en relación con la tarea, se han compartido libremente, en un ambiente de comunicación abierta.

3. El equipo ha identificado diversos asuntos y los ha organizado, por un lado, en orden de importancia para la tarea y, por otro, en relación con las limitaciones bajo las que el equipo opera.

4. En sus discusiones el equipo se ocupa de las decisiones que debe tomar sobre los asuntos a los que ha asignado orden de prioridad.

¿Cómo llega el equipo a tomar una decisión sobre la base de un proceso de consenso? Para empezar, el equipo tiene que haber seguido un proceso mediante el que retenga su integridad y proteja su misión. El consenso, como proceso, conlleva diálogo, discusión, negociación y participación amplia y balanceada. Si algún miembro disiente de la decisión, sus objeciones no son lo suficientemente serias para motivar a nadie a expresar desacuerdo una vez el equipo anuncie su decisión. Los miembros todos se sienten dueños de la decisión, porque todos tuvieron la oportunidad de participar al formularla. Por esta razón los miembros están de acuerdo en apoyar la decisión del equipo, aunque se opongan en forma relativamente menor a algunos aspectos. La clave en el consenso no es si todos los miembros se sienten totalmente satisfechos con una decisión, sino más bien **si la decisión es de naturaleza tal que todos los miembros puedan comprometerse a apoyarla públicamente**. La opinión que no triunfa siente en la derrota que nadie le escuchó; el equipo se divide entre ganadores y perdedores. Cuando hay consenso, ningún miembro puede alegar que aceptó la decisión por presiones; tampoco se desentiende de la decisión como obra de "los otros", cuyo parecer no compartió.

La decisión es producto del consenso si le preceden:
- Análisis suficiente de datos
- Discusión abierta de perspectivas individuales
- Identificación de asuntos y asignación de prioridades.
- Discusión concentrada en las decisiones que debe tomar el equipo sobre los asuntos de alta prioridad

Nótese también que llegar al consenso es diferente al proceso de votación. Votar, en general, tiene

un impacto **negativo** sobre el sentido de propiedad y compromiso que puedan tener los miembros con la decisión.

El consenso es, además, diferente a coercer. Coercer implica presionar, imponerse. Nadie siente compromiso con apoyar decisiones impuestas por alguien mediante amenazas y abusos de autoridad. La manipulación es una forma sutil de coerción que logra el mismo fin que la coerción abierta, por medios insidiosos. Se manipula un equipo, por ejemplo, cuando se apura el proceso de la toma de decisiones porque "se nos está acabando el tiempo". (Si se acaba el tiempo antes de llegar a una decisión que los miembros acepten por consenso, es preferible continuar la discusión en una ocasión posterior, porque obviamente el estimado de tiempo original no se hizo a conciencia del tiempo que se tomaría el proceso.)

¿Qué proceso sigue el equipo al deliberar, de modo que sus decisiones resulten por consenso de sus miembros? El equipo tiene a su disposición varias técnicas y prácticas útiles para lograr ese fin.

¿SE HA LOGRADO CONSENSO?
NO CUANDO:
- EXISTE DISENSIÓN.
- EL ACUERDO ES SOLAMENTE PARCIAL.
- HAY NIVELES SUSTANCIALES DE INSATISFACCIÓN.

HAY CONSENSO SI SE CONTESTA *SÍ* A:
¿ES ÉSTA UNA DECISIÓN QUE PODAMOS APOYAR PÚBLICAMENTE?

Éstas, y otras para permitirnos formar y mantener equipos eficaces, se presentan bajo el tema que sigue.

PARA REPASAR Y PENSAR...

1. ¿Qué efecto tienen las decisiones en conjunto sobre la organización entera?
2. ¿Qué características esenciales tienen...
   a. la participación?
   b. la influencia?
   c. la afiliación?
   d. el clima?
   e. las emociones?
   f. el manejo de tareas?
   g. el manejo de la comunicación?
3. ¿Qué es un equipo?
4. ¿Qué diferencias hay entre un grupo y un equipo?
5. ¿Qué es la sinergía?
6. El líder o la líder de un equipo sugiere que la misión del equipo es la de "aniquilar a la competencia antes de que pueda cruzar el campo". ¿Qué visión del equipo está impartiendo?
7. ¿Cómo podemos identificar la colaboración en un equipo?
8. ¿Por qué no deben ser fijos los papeles que desempeñen los miembros de un equipo?
9. ¿En qué se diferencia el líder del facilitador de un equipo?
10. ¿Cuáles son las tres etapas de desarrollo de un equipo?
11. ¿A qué se deben las transformaciones dinámicas de un equpo?
12. ¿Cómo se puede identificar una decisión tomada por el proceso de consenso?

13. "Una decisión es positiva si todos los miembros del equipo están completamente de acuerdo con ella". ¿En qué medida es cierta la aseveración anterior?
14. ¿En qué difieren la coerción y el consenso?
15. ¿Cuál es el criterio clave para determinar si existe consenso?

3 CÓMO FUNCIONA UN EQUIPO

PROPÓSITO	Señalar los principios según los cuales opera un equipo.

Los procesos de comunicación y colaboración son críticos para el éxito de un equipo. Sin embargo, otros elementos también son importantes. Es imprescindible relacionarse con los principios básicos de la operación de un equipo, la función del líder en la realización del trabajo, la importancia de procedimientos de operación, los pasos que conducen a la toma de decisiones sobre la base de consenso y el papel de cada miembro del equipo para cumplir su misión.

Por lo tanto, esta sección presenta los elementos del proceso mediante el que se desarrolla un grupo para convertirse en un equipo de trabajo. Señala además procedimientos comunes para conducir las reuniones del equipo.

ASPECTOS DE LA OPERACIÓN DE UN EQUIPO

Según vimos en la sección anterior, son siete los aspectos de la operación de un equipo: la participación, la influencia, la afiliación, el clima, las emociones, el manejo de tareas y el manejo de la comunicación. A continuación los examinamos con mayor detenimiento.

La participación

La participación plena de todos los miembros del equipo es esencial. Algunos miembros, apoyados por su posición gerencial en la empresa, tienden a liquidar la oposición mediante una participación mayor que la de los demás miembros. Quienes más hablan también influyen más en las decisiones del equipo. Los miembros que participan más que otros controlan al equipo con afirmaciones y señalamientos que amedrentan a otros miembros menos dispuestos a participar activamente.

Los miembros que se sienten impedidos de participar pierden interés y, por lo tanto, sentido de compromiso con la tarea. En una situación como ésta, el equipo suprime el talento de los que permanecen callados y la posibilidad de sus valiosas aportaciones.

Como resultado, el equipo llega a tomar decisiones mediocres, sobre la base de los que más hablaron durante las deliberaciones. Pero, ¿son los que más hablan los que poseen las mejores ideas?

¿Cuál es, entonces, el rol del facilitador en el aspecto de la participación?

El facilitador debe ser capaz de animar a los que menos hablan para que participen. De igual forma, tiene que saber limitar la participación de los más activos cuando monopolizan las discusiones de forma que obstaculiza la participación de todos los miembros.

El facilitador y el equipo entero tienen que mantener presente que el comportamiento que reprime la plena participación es destructor y disfuncional. No obstante, es necesario saber reconocer la diferencia entre perturbar y presentar asuntos de importancia. En ocasiones el equipo rechaza la discusión de algunos temas por razones que no competen a la libre expresión de ideas ni a la misión del equipo: por miedo, por no herir sensibilidades, o por carecer de medios para resolver los problemas que algunas discusiones traen a colación. Por consiguiente, la habilidad para diferenciar entre una presentación incómoda y el afán por perturbar innecesariamente es necesaria especialmente cuando el equipo se muestra renuente a discutir asuntos de sensibilidad aguda y, por ende, prefiere considerarlos sin importancia.

Además, es preciso usar palabras apropiadas para encargarse de asuntos relacionados con la participación y para reaccionar ante las aportaciones en las discusiones del equipo.

Cuando la participación está fuera de balance, generalmente percibimos ejemplos de comportamiento que inhibe la participación en pleno y hasta la participación espontánea de los miembros.

Si categorizamos a los participantes que restringen a otros para que contribuyan a las discusiones del equipo, podríamos encontrar a los siguientes:

• El agresor: Sus palabras hieren mediante insultos abiertos o solapados.

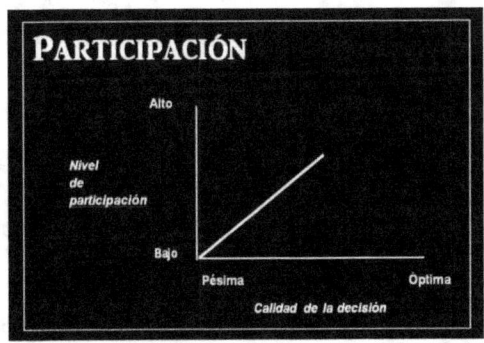

• El evasor: Prefiere evitar la mención de asuntos desagradables o arriesgados.

• El bloqueador: No permite la consideración de alternativas que no le satisfagan o que se opongan a las suyas. El bloqueador siempre tiene un "pero" con qué desalentar las opiniones ajenas.

• El dominante: Lleva el mando y quiere imponerse sobre los demás.

• El actor: Busca hacer reír y saca bromas o ironía de todas las aportaciones y discusiones.

• El superior: Siente que su intelecto

es superior al de los demás miembros y resiente que no se le reconozca, por lo que tiende a darles más mérito a sus grandes facultades que a las ideas de los otros.

• El gimiente: Pasa demasiado tiempo admitiendo sus fallas y su incapacidad para producir nada de valor o se queja constantemente de las decisiones de otros y de la empresa.

• El autodefensor: Sus aportaciones a la discusión son principalmente para clarificar los malos entendidos en torno a sus ideas; apoya constantemente sus aportaciones aunque sean de probada ineficacia.

• El abogado: Pone los intereses de elementos ajenos al equipo por encima de la probidad de las decisiones del equipo. Aboga por soluciones que solamente benefician al grupo que representa formal o informalmente.

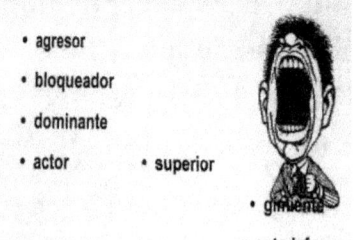

Personalidades que se deben manejar.

• El retraído: Si el dominante se impone, el retraído se aleja de las discusiones y raras veces participa. Su mente puede estar ocupada con otros asuntos o sencillamente no desea proponer sus puntos de vista. A veces un miembro se retrae porque teme la burla del entretenedor, las objeciones del bloqueador o los ataques del agresor.

Las personalidades que obstaculizan la participación raras veces reaccionan positivamente cuando alguien se les enfrenta y se sienten atacados personalmente. El facilitador del equipo debe ser capaz de identificar el comportamiento que limita la participación de los demás y de controlar o fomentar la participación según sea el caso.

Cuando se manifiesta comportamiento disfuncional, ¿cómo puede el facilitador tratar de corregirlo? Por ejemplo, ¿qué se le puede decir a una persona cuyos comentarios constantemente descarrilan la discusión para ir a temas que no vienen al caso? ¿A alguien que de costumbre interrumpe a los demás? ¿Qué tal de un miembro que se adelanta a la discusión, llegando a conlusiones sin dar tiempo a considerar asuntos fundamentales?

Ejemplos de réplicas que el facilitador puede encontrar útiles para distribuir la participación equitativamente incluyen:

"Gracias por los comentarios, Felipe. Todavía tenemos bastante por hacer y para realizar nuestro trabajo completamente, tenemos que examinar cada asunto. Vamos a tratar de limitar nuestros comentarios y observaciones a los que son pertinentes a este tema".

"Por favor, espere a que Ana termine; entonces tendrá una oportunidad para intervenir. Continúe, Ana, por favor".

"Eduardo, Marcos ha preguntado sobre X y Z. Si tienes alguna sugerencia en torno de este asunto, ¿podría esperar a que Marcos termine?"

"Carlos, como el tiempo que tenemos hoy es limitado, me pregunto si será mejor diferir esas cuestiones hasta el cierre de los asuntos pendientes".

"Elena, si interpreté correctamente lo que dijiste, te preocupan... Es tema para buen rato. Gracias por compartir esas observaciones. Vamos a tomar nota de ellas y las examinaremos nuevamente tan pronto podamos. Íbamos diciendo antes que..."

La calidad de la participación influye sobre otros aspectos de las operaciones del equipo. La práctica de discusión y diálogo auténticos ayuda a reconocer los patrones de participación que socavan los cimientos del equipo y la habilidad de éste para autoexaminarse.

Uno de esos patrones es el de ponerse a la defensiva. Como patrón de comportamiento, ponerse a la defensiva es uno de esos hábitos que desarrollamos en el intercambio social para protegernos de situaciones amenazantes o embarazosas. Sin embargo, también limitan el aprendizaje, porque al ponernos a la defensiva evadimos situaciones desconocidas y rehusamos participar en actos que puedan poner en evidencia nuestra ignorancia. Ponerse a la defensiva es, pues, un escudo que empuñamos cuando vamos hacia la adultez, pensando que siempre hemos de cumplir con las expectativas ajenas (a pesar de que a menudo éstas son nuestras solamente).

Un equipo de trabajo es una entidad aprendiz: explora datos y alternativas para decidir qué ruta tomar. Por lo tanto, "taparse" va en contra del espíritu del equipo y es extremadamente perjudicial.

El facilitador y el líder tienen que desarrollar un clima de confianza que permita a los miembros del equipo compartir ideas con un mínimo de temor a represalias o al fracaso. Ese clima de confianza debe además reducir la preocupación de algunos miembros de parecer débil a causa de falta de información o porque tienen que renunciar al control del equipo. El proceso de cambio produce también inseguridades que solamente se expresan en un equipo cuando existe ese clima de confianza.

No obstante, la labor de fomentar la participación no se limita al rol de facilitador o líder. Todos los miembros tienen la responsabilidad de participar plenamente y de animarse los unos a los otros para que participen.

Para fomentar la participación, tanto el facilitador como otros miembros pueden seguir las siguientes pautas:

- Señalar que se desea la mayor participación posible: "Creo firmemente que los problemas se resuelven mejor cuando todos contribuyen sus esfuerzos a buscar soluciones. Espero que todos contribuyamos ideas y expresemos nuestro parecer sobre los asuntos que vayamos a discutir".

- Usar claves verbales y no verbales para indicar que se cree en la habilidad del equipo para resolver problemas y tomar decisiones: "No, no tengo una solución preparada de antemano. Si la tuviera, no podría compartirla aquí en este momento. Necesitamos el mayor número de ideas posibles. ¿Qué piensa cada uno de ustedes?"

• Escuchar y tratar de comprender lo que los miembros dicen en realidad: "Entonces lo que dices es que... ¿Estoy en lo correcto?" "Sandra, ¿podrías repetir lo que has dicho nuevamente? No estoy segura de que todos te entendieran comple-tamente". "Necesito que alguien me aclare. No entendí del todo la propuesta de Julio. Tal vez alguien más lo pueda decir en otras palabras".

• Usar expresiones que limiten la discusión del comportamiento inapropiado de algún miembro a la actividad específica en que ocurra el comportamiento indeseable: "Esta es la tercera vez hoy que mencionas ese punto; tal vez sería mejor discutirlo ahora mismo". (*En lugar de*: "El lunes pasado también mencionaste ese tema tan majadero y es mejor que lo plantees ya de una vez".)

Saber responder sin ofender mejora la participación y reduce la posibilidad de conflictos contraproducentes. Las situaciones conflictivas, sin embargo, ni son siempre necesariamente indeseables ni pueden evitarse del todo. Entre las causas de los conflictos se encuentran los horarios, las prioridades (las individuales y las del equipo), los recursos (por la cantidad y por el tipo), las opiniones, los procedimientos administrativos y, naturalmente, las personalidades disímiles.

Hay quien sugiera que los conflictos deben suavizarse, mientras que otros prefieren dejar que fluyan sin coto. Suavizar los conflictos con palabras conciliatorias sin resolver los problemas que los causan sólo logra enterrar los conflictos, para que reaparezcan más tarde en situaciones y momentos inesperados. Por otro lado, dar rienda suelta a las luchas en las discusiones o en intercambios irrespetuosos entre los miembros rara vez da resultados productivos.

¿Es el lenguaje contencioso apropiado para señalar situaciones que limitan la participación?

A veces lo es. El facilitador debe usar expresiones que enfrenten al miembro perturbador con su comportamiento, siempre que éste sea un obstáculo en las deliberaciones del equipo. Para fines del trabajo de equipo, el lenguaje contencioso: (1) describe el comportamiento de la persona a quien se dirige, a la vez que (2) señala de manera constructiva el efecto que tal comportamiento produce en quien escuche; el señalamiento (3) debe también solicitar la reacción del miembro perturbador. Por ejemplo: "Has interrumpido a Gerardo tres veces ya desde que comenzó a hablar; esto me hace sentir incómodo. ¿Tienes algún inconveniente en esperar hasta que termine?" (*En lugar de*: "Eres un imbécil inmaduro: deja de ser tan payaso y espera tu turno".)

Naturalmente, al referirnos al asunto de cómo dirigirse a alguien que interrumpe a los demás miembros sin justificación también debemos recordar la importancia de la reacción. La **reacción** (o *retroalimentación*, como suele llamársele entre técnicos de la comunicación) es sumamente importante durante todas las deliberaciones del equipo. Es esencial para fomentar o inhibir la participación.

Los mensajes de reacción ayudan a la persona a quien los dirigimos para que cambie su comportamiento. La re-acción ofrece a otros información sobre el efecto que su comportamiento tiene en los demás o acerca de la manera en que ejecutan una tarea. Además, mantiene a los miembros concentrados en la mejor manera de lograr los objetivos del equipo.

¿Cómo es preferible reaccionar para mantener un clima adecuado entre los miembros del equipo? La reacción es más útil si:

• Es descriptiva: informa hechos, no interpretaciones de quien ofrece la reac-ción. ("Presentaste tres puntos. Todavía faltan dos," *en lugar de*: "¡Perezoso! No presentaste los cinco puntos porque eres des-cuidado".)

• Es específica: tiene como foco un ejemplo específico del comportamiento de la persona que recibe la reacción, en vez de referirse a asuntos y preocupaciones generales que solamente logran poner al receptor a la defensiva. La reacción no es específica si va precedida de palabras como *nunca* y *siempre*. ("Has completado solamente una parte de la tarea que escogiste. Eso nos perjudica a todos," *no*: "Siempre haces el trabajo a medias: nunca se puede contar contigo".)

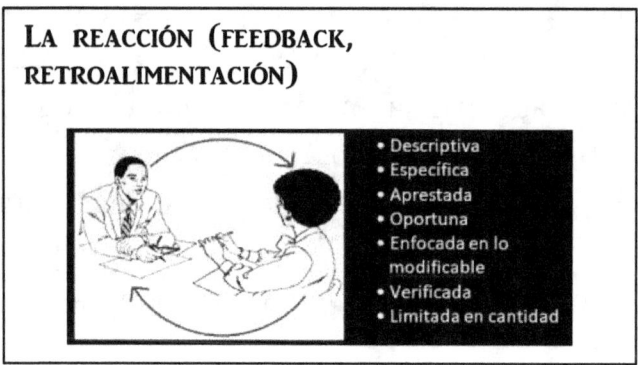

• Siempre toma en cuenta si el receptor está o no listo para oír el mensaje. Un receptor que se encuentre en tensión o bajo los efectos de la ira, ni puede asimilar ni está en condiciones de escuchar las reacciones de nadie.

• Considera si es o no oportuno proveerla: la reacción debe hacerse lo más pronto posible después que el suceso al que se refiere haya ocurrido. Sin embargo, la reacción negativa que se hace en público perjudica al receptor, aunque se haga inmediatamente después del suceso.

• Se dirige a comportamiento modificable—la reacción evita recordarles a otros faltas sobre las que no tienen ningún control. ("Puedes empezar en un nivel anterior para que domines los preparativos antes de intentar la tarea misma," *no*: "No tienes coordinación, ¡bruto!")

• Se reduce a algunos aspectos solamente cada vez que se presenta: cuando el receptor oye una lista de asuntos, ensordece emocionalmente y se pone a la defensiva.

• Se ofrece para ayudar: los comentarios destructivos satisfacen las necesidades agresivas de quien los hace, pero no toma en consideración las necesidades de la persona que los recibe. ("Oírte decir eso me ha puesto de pésimo humor. Tal vez sería mejor esperar un rato y discutir el asunto con menos acaloramiento," *en vez de*: "Eres un desconsiderado. Todo lo dices por mortificarme".

• Se verifica: la persona que ofrece la reacción verifica con el receptor si éste ha escuchado. Esta verificación se hace mediante paráfrasis o reflexiones, para asegurarse de que la comprensión de la reacción está de acuerdo con las intenciones de quien la produce. ("¿Te he entendido correctamente? ¿Hay algo que haya omitido?")

La **contrarreacción**, o sea, la forma en que respondemos a comentarios de reacción, tiene que reunir los mismos requisitos que la reacción original.

La influencia

La participación está íntimamente relacionada con la noción de la influencia. Inicialmente, la influencia en un equipo es proporcional a la posición que el miembro ocupa en la empresa. En este nivel, el miembro no se ha ganado aún el privilegio de la influencia entre sus compañeros de equipo. Durante las etapas iniciales en el desarrollo del equipo, son comunes las luchas por ejercer influencia. Sin embargo, si se prolonga ese período en que impera la necesidad de establecer dominio en las deliberaciones, el trabajo del equipo se lesiona seriamente.

Según el grupo se va convirtiendo en equipo, la influencia debería resultar de la confluencia de otros factores, tales como la experiencia, la pericia y la habilidad para trabajar por el bien del equipo. Es necesario reducir la falta de simetría en la influencia que ejercen los miembros, especialmente si permitir el desbalance resulta en la supresión de puntos de vista minoritarios.

¿Cómo se relacionan la influencia y el compromiso con las decisiones del equipo?

Mientras más influencia sienta tener un miembro en la toma de decisiones, mayor su sentido de compromiso con las determinaciones del equipo, aún cuando el equipo no adopte las propuestas que el miembro haya presentado. El equipo en conjunto, bajo la dirección del líder o del facilitador, debe tratar de reclutar a todos los miembros para que se comprometan a apoyar las decisiones que toma. La percepción de influencia que tenga cada miembro de su participación en el equipo tiene mucho que ver con el éxito o el fracaso de ese esfuerzo.

El facilitador tiene que balancear las discusiones para que se puedan escuchar los puntos de vista de cada miembro. A veces es obvio que los desacuerdos se basan en la personalidad de quien los tiene; además, los retos a menudo se deben a luchas por lograr mayor influencia, no a la contemplación auténtica de alternativas. Situaciones semejantes deben tratarse a través de la audición activa. Sutilmente, el facilitador debe ser capaz de concientizar a los miembros del origen de la autoridad y la influencia en el equipo: quien más influye debe ser la persona más competente en la solución de problemas.

No solamente requieren los facilitadores mismos de ese conocimiento, sino que también deben ser diestros en escuchar. Es sumamente difícil que un facilitador que no sepa escuchar pueda determinar qué remedio debe tomarse para balancear la influencia. Naturalmente, saber escuchar es importante para todas las actividades del equipo; balancear la influencia es solamente un área específica en que saber escuchar es fundamental.

En el menester de escuchar, los tres aspectos en que deben ser diestros los miembros del equipo son: **atención**, **audición activa** y **reflejo**.

Atención. Atender en este sentido implica cualquier acción o expresión dirigida a estimular a los miembros del equipo para que se expresen sin miedo a represalías o a manipulaciones. Demostramos atención por medios *verbales* y *no verbales*.

Los modos verbales de demostrar atención son el silencio, los reconocimientos breves y las paráfrasis cortas. El silencio contrasta con la plática constante y con esperar a que se diga algo para comenzar a hablar de nuestras propias experiencias, con lo cual desplazamos las preocupaciones de los demás: "¡Ja! Eso me recuerda la última vez que fui a almorzar a la cafetería de...". El reconocimiento ayuda a la otra persona a comprender que se le está escuchando, aun cuando uno no reaccione constantemente de forma verbal: reconocemos con gestos de la cabeza o con expresiones apropiadas según vaya explicando la persona a quien escuchamos. La paráfrasis ayuda a la otra persona a darse cuenta de que estamos tratando de verificar si comprendemos lo que dice; la paráfrasis no añade nada nuevo a lo que ha dicho: "Permíteme decir lo que entendí que dijiste: en caso de que no obtengamos autorización, vamos a...".

En el ambiente de trabajo de un equipo, las técnicas de comunicación anteriores ayudan a fomentar la libre expresión de opiniones y sugerencias. Los miembros del equipo deben funcionar bajo la convicción de que solamente el derecho a equivocarse los equipa para enriquecer sus creencias y relaciones personales. El miembro del equipo auténtico necesita poder tomar riesgos al expresar sus ideas y verificar su comprensión de lo que se discute mediante la colaboración. Cuando, antes de aportar una idea o hacer una pregunta, un miembro del equipo se pregunta qué gana con hablar, la respuesta debe ser una recompensa, no un riesgo amenazante.

Los ambientes en que los participantes sienten que pueden expresarse libremente dan apoyo, cuestionan y son flexibles.

Por ejemplo, se puede comunicar apoyo al decirle a otra persona que reconocemos la razón de su frustración: "Ya veo. Con lo que has dicho, entiendo por qué te sientes frustrada. Me parece que me sentiría igual si estuviera en tu lugar". Lo opuesto de apoyo es el antagonismo que niega el derecho a manifestarse: "No entiendo por qué te ientes tan frustrada. Las cosas están completamente claras. Tú sencillamente no pareces entender de qué se trata todo esto".

Al cuestionar, expresamos que queremos entender mejor el significado de lo que otra persona dice. Por ejemplo: "¿Podrías explicarme por qué encuentras estas instrucciones confusas?" Lo opuesto de cuestionar es *juzgar*. Juzgamos cuando evaluamos las razones o las habilidades de otra persona negativamente, en lugar de hacer hincapié en preguntar para comprender. Por ejemplo: "¿Por qué será que eres tú la única persona que se confunde con estas instrucciones?"

Las observaciones que demuestran flexibilidad le comunican a la otra persona nuestra disposición para aceptar opiniones y sugerencias diferentes a las nuestras. Es una forma de admitir que nadie es en realidad la autoridad final en la mayor parte de los problemas con que trabaja un equipo; por otra parte, nos permite compartir la responsabilidad de la tarea entre todos los miem-bros del equipo. Por ejemplo: "¿Podrías sugerir una alternativa a la manera en que venimos realizando esta parte del proceso?" Lo opuesto de una expresión flexible es la afirmación controladora, que no permite a nadie más tomar las riendas de una discusión. Un ejemplo de una afirmación controladora es: "Si hubiese alternativas, las habríamos visto ya, pero no tenemos tiempo para andar probando si queremos acabar para el miércoles".

Las técnicas verbales para apoyar, cuestionar y mostrar flexibilidad se complementan con formas no verbales. Al igual que las verbales, algunas expresiones no verbales son mejores que otras. Entre las más recomendables:

- El contacto visual con quien esté hablando. Pensemos en conversaciones en las que alguien nos está respondiendo, pero mientras habla mira a otras personas en la sala o fija la mirada en lo que tiene en frente.
- Los gestos. Son éstos expresiones faciales de *empatía*. Las expresiones empáticas demuestran que el oyente está tratando de ponerse en el lugar de la otra persona. Las expresiones faciales inefi-caces son las que demuestran falta de interés o actitudes condescendientes.
- La posición del cuerpo. Una posición relajada es más efectiva que una de tensión. Sin embargo, relajarse no es lo mismo que colocar el cuerpo en formas tan descuidadas que comuniquen desprecio o desinterés.
- El espacio personal. A menudo nos sentimos incómodos cuando alguien se nos acerca demasiado al

hablar; por el contrario, en otras ocasiones nos sentimos mal si la persona se mantiene muy alejada. Este tipo de comportamiento no verbal depende en gran medida de las costumbres locales y del ambiente en que se desenvuelva la conversación.

Hasta aquí hemos considerado dos aspectos de la operación de un equipo, la participación y la influencia. Bajo el tema de la influencia, señalamos que ésta debe ejercerse sobre la base de pericia y destreza. Por último, mencionamos los elementos de la atención, una destreza que todos los miembros del equipo deben practicar y que es, además, esencial para jugar el papel de facilitador. La atención es también un requisito absolutamente necesario para practicar la audición activa, otra habilidad básica para el trabajo en equipos.

Audición activa. La audición activa le indica a la persona que habla si escuchamos con cuidado los pensamientos que comunica y sus sentimientos con respecto de algún asunto. Escuchar activamente significa que el oyente pospone juzgar o criticar al hablante a cambio de demostrar que el oyente está completamente concentrado en lo que el hablante dice y siente.

La audición activa reconoce que los mensajes que emite un hablante tienen dos tipos de contenido, uno *intelectual* y otro *emotivo*: con el primero se comunican ideas, juicios, razonamientos, hechos y opiniones; el otro, el emotivo, expresa el sentir personal de quien habla, la forma en que lo que expresa conflige o está de acuerdo con sus valores, gustos y expectativas. El oyente activo siempre está interesado en los dos contenidos.

La audición activa: (1) elimina de la percepción todo estímulo que interfiera con escuchar; (2) distingue entre las palabras y la emoción que expresan; (3) se concentra en los mensajes verbales y no verbales que envía el hablante (4) hace inferencias sobre las emociones que siente el hablante.

Si escuchamos activamente, estamos en mejor posición de resumir, describir, inferir e interpretar lo que otra persona expresa (es decir, de reflejar).

He aquí algunos ejemplos de la audición activa: por un lado, lo que dice el hablante; por otro, lo que verdaderamente significa y lo que expresa.

LO QUE DICE	LO QUE SIGNI-FICAN LAS PALABRAS	LO QUE EXPRESAN LAS PALABRAS
"No necesito ayuda. Yo soy mayorcita.	Puedo hacer esto sola.	Me tieno : independiente, humillada, irritada.
He tratado de hacer esto seis veces y nunca sale bien.	No puedo hacerlo. No sé cómo hacerlo.	Me siento: cansado, confuso, frustrado, enojado.

| Tu modelo se ve bien en teoría, pero no funcio-naría en una empresa como la nuestra. | No te creo. Te reto a que pruebes lo que vales. | Me siento: incrédulo, frustrado, mani-pulado, presionado |

De modo que con la atención demostramos el interés que tenemos en lo que el hablante dice. La audición activa nos permite tomar en consideración que las palabras expresan intelecto y emoción. Por último, el trabajo por equipos requiere también destrezas de reflejo. Saber reflejar es resultado de buena audición activa.

Reflejo. Reflejar, en el contexto del trabajo en equipos, usa las palabras de alguien y trata de reflejar lo más importante del mensaje, como un espejo que presenta la imagen de lo esencial solamente, para mostrar lo que perdura de la imagen original.

El reflejo se manifesta de tres formas diferentes: por paráfrasis, en la descripción del comportamiento y mediante inferencias.

La *paráfrasis* consiste en repetir la esencia de las palabras del hablante, de la forma en que las comprendimos. Parafrasear nos ayuda a iniciar el diálogo. También motiva al hablante a proveer información adicional. Por ejemplo, se puede empezar una paráfrasis con fórmulas tales como: "Te escuché decir que...", "Lo que me parece oírte decir es que...".

Examinemos el caso en que alguien dice y hace lo siguiente:

> ¿No pudiste hacer algo para mejorar este procedimiento? Creía que los procedimientos siempre iban en secuencia, el primero antes del segundo, el segundo antes del tercero. [*Golpea la mesa con el puño.*] Este dice que tengo que observar al grupo después dice que tengo que obtener las guías de observación. [*Se lleva ambas manos a la cabeza, se cubre las orejas y sube el tono de voz.*] ¿Cómo puedo seguir esto, si está al revés?

Un ejemplo de paráfrasis de las manifestaciones anteriores es: "Entiendo por lo que has dicho que este procedimiento no está organizado en secuencia de pasos y que, por consiguiente, lo encuentras difícil de seguir". Un ejemplo de una observación que *no* reúne los requisitos de paráfrasis eficaz es: "Estás enfadada porque te confundiste". En el último caso, en lugar de repetir lo que ha dicho la otra persona con palabras diferentes y en forma resumida, el hablante interpreta sentimientos y causa y efecto. Cuando compartimos una paráfrasis de lo que ha dicho otra persona, ésta debe poder responder sí o no a la pregunta: "¿Es esto lo que has dicho?"

La *descripción del comportamiento* responde a las claves no verbales del hablante mediante la descripción de las acciones del hablante. Al describir nos referimos solamente a la evidencia visible del comportamiento del hablante. Cuando usamos ese tipo de descripción, ofrecemos al hablante un fondo contra el que considerar la imagen que proyecta. Podemos comenzar a describir, en el con-texto del reflejo, con una frase como: "Vi que (hi-ciste un gesto, señalaste con el dedo a Juan)...".

En el ejemplo anterior, como parte del proceso de reflejar, se puede observar: "Noté que diste un golpe en la mesa cuando te referiste a la falta de orden en el procedimiento". Una observación que no cumple los requisitos de la descripción es: "Te comportaste agresiva y groseramente cuando golpeaste la mesa y cuando subiste la voz". Al contrario de una manifestación como la anterior, la descripción debe relacionarse con los puntos sobresalientes del mensaje que se refleja. Es recomendable mantener presentes los principios de la reacción: nuestro foco debe ser siempre el comportamiento modificable; llamar a alguien agresivo y grosero satisface a quien usa las palabras, pero solamente empeora la situación sin mejorar las relaciones para el futuro.

Finalmente, *inferir* implica llegar a deducciones sobre las emociones que transmite el hablante y comunicarle al hablante la conclusión a que llegamos. Al inferir no interpretamos añadiendo conceptos o palabras a lo que ya comunicó el hablante. Se trata de verificar el acierto de nuestras percepciones sin intentar adivinar las intenciones del hablante. De hecho, comunicar la inferencia debe resultar en una clarificación para asegurarnos de que nuestras observaciones son correctas.

Por ejemplo, en la situación de la persona a quien confunde un procedimiento, se puede inferir como sigue: "Si estuviera yo en tu lugar, me imagino que me sentiría enfadada y frustrada. ¿Es así como te sientes tú sobre este asunto?" Si usamos una observación como la siguiente: "¿Estás frustrada? ¿Crees que te lo hicimos a propósito?", acusamos al hablante de frustración aun cuando usemos una pregunta. Además, ridiculizamos al hablante al atribuirle manía de persecución. Inmediatamente esa observación pone a la persona a la defensiva.

La afiliación

La afiliación está íntimamente vinculada al aspecto de influencia y afecta el nivel de compromiso que puedan sentir los miembros del equipo con defender decisiones.

Los miembros se preocupan por el

grado de aceptación o inclusión que tengan entre otros. Los patrones de interacción que se desarrollan en el equipo proveen señas del grado y tipo de afiliación que hay entre los miembros.

¿Qué puede hacer el facilitador para asegurarse de que se desarrolla una afiliación completa en el equipo? El facilitador debe estar consciente de gestos (inclusive el gesto de silencio o retraimiento) que expresan cuando los miembros no se sienten parte del equipo. El facilitador debe animar a que participen los miembros que parezcan fuera de las discusiones. Cuando un miembro expresa que se siente sin influencia en las decisiones (y por lo tanto indiferente), el facilitador debe mostrarse interesado en las aportaciones de la persona, impulsando su participación sin tratarlo condescendientemente.

Ejemplo de expresiones que alientan tanto la participación como el sentido de afiliación completa es: "Jorge, no te hemos oído decir nada hoy. Nos interesan tus ideas, así que, ¿cuáles puedes compartir con nosotros en torno a este asunto?"

El clima

Puede ser que los miembros del equipo tengan inicialmente presunciones y expectativas de cómo el grupo deba funcionar. Las presunciones tienen que ver tanto con los asuntos del equipo como con las relaciones personales. Los miembros entre sí ponen a prueba las presunciones de otros al principio de las reuniones del equipo. A base de esas presunciones, se establece un clima que puede ayudar u obstaculizar las actividades del equipo.

¿Cuál es la atmósfera ideal para un equpo?

Es imposible preparar una receta que resulte en el ambiente perfecto para un equipo. Lo que funciona para unos podría ser fatal para otros. Un clima de apertura informal, pongamos por caso, es probablemente el más apropiado para equipos cuyos problemas requieren soluciones novedosas y creadoras; para otros equipos, la falta de estructura formal llevaría al caos. Cuando la pericia entre los miembros no está distribuida equitativamente, por ejemplo, es probable que un ambiente más estructurado produzca soluciones más sólidas.

Los conflictos—en cuanto a cantidad y seriedad—influyen en el clima. Los conflictos, hemos indicado anteriormente, son inevitables en el equipo. De hecho, los ambientes libres de conflicto no son aconsejables para equipos que tratan de realizar una tarea. Por otro lado, esconder el conflicto bajo el tapete no conduce a la productividad, sino que simplemente pospone el estallido.

Por lo tanto, es preferible manejar el conflicto, dirigirlo hacia fines constructivos. Se consigue al:

- Dar énfasis a estrategias mediante las que todos salen ganando. Por ejemplo, una situación puede producir perdedores tanto entre los opositores como entre los partidarios de una decisión; otras producen perdedores entre unos y ganadores en otras. Buscar la solución con la que todos sientan que han ganado más de lo que han perdido es más conducente a que se reduz-ca la fricción entre defensores y atacantes de una idea.

• Crear un ambiente positivo donde no se culpa a nadie y en que ningún miembro se pone a la defensiva. Lo importante es lo que se dice, no quién lo ha dicho; *qué* es lo correcto es más importante que *quién* está en lo correcto.

• Concentrarse en el asunto que se discute y mantener los asuntos marginales fuera de la discusión.

• Decidir por consenso: recordar que los miembros pierden el interés en apoyar una decisión que se toma sobre la base del voto. Los que votan en contra de una idea pueden decidirse por no adoptar el punto de vista de la mayoría.

• Reducir la competencia, cuyo efecto es la disfunción del equipo. Competir interfiere con los intercambios razonados.

Para el facilitador, ¿cuál sería una estrategia razonable para tratar de mantener un ambiente adecuado? El facilitador debe ser capaz de evaluar el clima que prevalece, en relación con la tarea y la composición del equipo. Si la tarea y la atmósfera chocan, el facilitador debe presentarle la situación al equipo para la consideración de todos. Durante la discusión de la disparidad entre clima y tarea, el facilitador debe fomentar los intercambios de honesta preocupación, por difíciles que sean, y tiene que mantener el foco sobre el proceso de solucionar problemas.

Las emociones

El tema de las emociones siempre es desagradable. Sin embargo, en el trabajo por equipos es imposible evadir el asunto.

Durante las interacciones de los miembros surgen emociones y sentimientos, a pesar de que el equipo raras veces los reconoce. En ambientes profe-sionales y de negocios, los grupos desarrollan normas para permitir la expresión de emociones positivas o de desagrado, pero no las de ira, incomodidad o frustración.

Cuando se niega la existencia de tales emociones y se prefiere prohibirles su expresión, los miembros suprimen las emociones negativas, ventilándolas más tarde en circunstancias que no están directamente relacionadas con la que produjo la negatividad. Se manifiestan también en falta de compromiso con las decisiones del equipo y en actos para sabotear el trabajo de éste. La venganza se presenta irreconocible bajo la especie de "asunto de importancia sin resolver", y por lo general luce irracional, porque se desconoce su origen verdadero. Es mucho más efectivo permitir que la persona comunique su enojo en el momento en que lo siente, para también permitir que los otros miembros reaccionen.

El facilitador debe observar las expresiones faciales y los gestos de los miembros. También es necesario que preste atención al tono de voz que puede ser indicio de ira, frustración o sarcasmo. En el momento en que los percibe, el facilitador debe verificar la certeza de su percepción y usar destrezas de audición activa para discutirlos. Nunca de-be el facilitador permitir que el enojo y la ira se si-gan acumulando a través del tiempo, aunque en el momento parezca mucho más cómodo ignorar la situación.

El manejo de tareas

Ciertas actividades son necesarias para que el equipo pueda realizar su tarea principal adecuadamente. El papel del facilitador como conductor de tránsito es sólo parte de sus obligaciones para manejar las tareas.

La toma de decisiones en el equipo es una de las actividades que debe manejar el facilitador. El proceso consta de tres etapas: inicio, discusión y clausura.

Durante el *inicio* el facilitador identifica el problema y los fines de la discusión. Luego fija los límites de tiempo y por último los miembros se ponen de acuerdo sobre el temario (agenda) de la reunión.

En la *discusión* se aportan opiniones e información objetiva sobre los asuntos relacionados con la tarea. Pasar tiempo insuficiente en esta etapa del proceso tiene un impacto perjudicial al momento de tomar decisiones y de comprometerse con la decisión del equipo. Las soluciones creadoras requieren procesos que permitan la clarificación y la elaboración; la discusión debe usar tales recursos. Las discusiones tienen que incluir datos tanto sobre el proceso (*cómo* hemos de realizar el trabajo) como sobre el contenido (*qué* estamos realizando). El facilitador por lo común supervisa y coordina el intercambio de información entre los miembros. Entre las técnicas útiles para conducir la discusión se encuentran la tempestad de ideas y la técnica de grupo nominal.

En la **tempestad de ideas**, se les asigna un problema o una tarea a los miembros. Se les explica que tienen que producir tantas ideas como sea posible en un período breve de tiempo, por lo común uno o dos minutos. En ningún momento se permite a ningún miembro expresar desacuerdo con las ideas que presentan los demás. Las ideas pueden ser descabelladas o tradicionales, pero nadie puede juzgarlas: lo importante es producir un alto número de ideas, no alta calidad.

Es posible, durante la sugerencia de ideas, combinarlas con otras ya ofrecidas. Juzgar las ideas o escoger en orden de preferencia es una actividad posterior al proceso mismo de la tempestad de ideas y conlleva procedimientos para determinar si existe consenso sobre la solución.

La técnica de **grupo nominal** se emplea en un ambiente estructurado, para obtener múltiples sugerencias de los miembros sobre un problema o asunto. La técnica evita que una misma persona domine la discusión, alienta a todos a participar y resulta en una lista de recomendaciones en orden de mejor a peor.

Para aplicar la técnica de grupo nominal, el facilitador presenta un problema (por ejemplo, "Propongamos formas de variar los horarios de trabajo para permitir flexibilidad en la hora de llegada"). Cada miembro en privado prepara una lista de ideas durante algunos minutos. El facilitador recoge ideas mediante la mesa redonda, en que cada miembro tiene un turno para ofrecer una idea; el facilitador va anotando cada idea en un lugar visible y legible para todos los miembros. Criticar o evaluar no está permitido, pero es posible que los miembros le pidan clarificación a quien proponga una idea. Una vez todos han presentado lo que consideran su mejor idea del listado individual, cada miembro, al estilo de la mesa redonda, evalúa las ideas e individualmente escoge de mejor a peor; es posible asignarles valor a las sugerencias: si son cinco ideas, la mejor puede recibir cinco puntos, la segunda mejor, cuatro, hasta llegar a un punto. El facilitador suma las puntuaciones que haya recibido cada idea. La idea que reciba el mayor número de puntos es la que el equipo escoge como solución al problema: esa solución sirve de base para discusiones posteriores.

Por último, debe haber *clausura* o resumen. Esta etapa incluye el examen de ideas, seguido por el sondeo de consenso. El sondeo se asegura de que todas las ideas por considerarse estén sobre el tapete y que el equipo esté listo para entrar a una fase de evaluación de las ideas que se han generado.

Esta parte del proceso se repite cuantas veces sea conveniente. Aunque es el líder quien debe mantener al equipo concentrado en la tarea mediante la aplicación de procedimientos de solución de problemas, cualquier miembro del equipo puede ayudar en el esfuerzo, por ejemplo, alertando a otros cuando se ha saltado una fase o asegurándose de que todos los miembros han tenido voz en la decisión. No obstante, es función específica del facilitador animar a los participantes para que contribuyan, mantener el ritmo de la discusión y asegurarse de que se les escucha a todos los miembros.

El manejo de la comunicación

Además de manejar las tareas del equipo, es necesario manejar los intercambios y observar las relaciones entre los miembros. Los equipos no funcionan con eficacia si la cohesión entre los miembros de desarrolla lentamente o si las relaciones entre éstos son tirantes. El equipo pasa por períodos de conflicto y malos entendidos; solamente el mantenimiento adecuado de la comunicación repara las relaciones lastimadas y restablece la armonía. De otro modo, los miembros se distancian y se enajenan, lo que resulta en la pérdida de valiosos recursos para el equipo.

El facilitador, además de otros miembros del equipo cuando lo consideren apropiado, deben realizar actividades de mantenimiento. Las dos funciones principales de mantenimiento son las de **guardián** y **animador**. El guardián se encarga de que todos los miembros tengan la oportunidad de contribuir a las discusiones del equipo. El ani-mador, por su lado, ayuda a crear un clima de aceptación.

En adición, los miembros del equipo pueden asumir otros papeles, tales como el de discípulo (cuando surge un líder en una discusión, el discípulo se adhiere a las propuestas de éste y crea interés en ellas) y armonizador (propone formas en que los miembros pueden comunicarse a pesar de desacuerdos y señala cuando una situación no está de acuerdo con los principios del trabajo por equipos).

La negociación para lograr el consenso es de limitada utilidad en el manejo de tareas, pero puede ser importante para ayudar a reparar relaciones lastimadas en el equipo.

Si el nivel de conflicto en el equipo es tan alto que impide la comunicación y la colaboración, frecuentemente es aconsejable suspender la discusión de la tarea. En su lugar, el equipo puede entonces examinar los procesos que ha seguido, con el fin de identificar y resolver el conflicto. Esta actividad es parte del manejo de la comunicación.

PARA CONVERTIR UN GRUPO EN EQUIPO DE TRABAJO

Pensemos en las preguntas que pasan por la mente de cada persona cuando se reúne por primera vez con el fin de formar un equipo. ¿Qué vamos a hacer? ¿Qué hago aquí? ¿Quién es el líder? ¿Por qué es esa persona el líder? ¿Cómo me asemejo a estas otras personas? ¿Cómo vamos a conducir las reuniones? ¿Qué saco con estar aquí? ¿Cómo podrá mi participación en esto cambiar mi vida?

DE GRUPO A EQUIPO:

1. Identidad
2. Misión
3. Principios de operación
4. Plan de acción

Las preguntas anteriores y muchísimas más requieren una respuesta, en una medida u otra. El líder del equipo, inicialmente y siempre que sea necesario durante la existencia del equipo, ayuda a responder a esas preguntas al dirigir cuatro tareas específicas en el desarrollo de un equipo. Estas tareas no se aplican necesariamente en una sola ocasión: según el equipo va desarrollándose, puede hallar necesario evaluar su vitalidad y sus procedimientos. La manera en que cada una de estas tareas se conduce puede necesitar evaluación periódica también.

Las tareas para convertir un grupo en un equipo son:

1. Establecer la identidad del equipo
2. Hacer una declaración de la misión del equipo

3. Ponerse de acuerdo sobre los principios de operación del equipo
4. Desarrollar un plan de acción para el equipo

1. Establecer la identidad del equipo

Para establecer la identidad del equipo, el líder:

(1) Da la bienvenida al equipo.

(2) Explica el propósito y los objetivos del equipo según los han señalado las autoridades nominadoras en la empresa.

(3) Presenta a los miembros y los invita a que se presenten a sí mismos; por lo general, en esta oportunidad los miembros expresan sus expectativas sobre el trabajo del equipo.

IDENTIDAD

1. Bienvenida
2. Fines
3. Presentaciones
4. Temario
5. Roles

(4) Presenta el temario (agenda) de la reunión, circulado entre los miembros de antemano. El temario establece qué ha de hacerse, el método mediante el que se hará y el tiempo aproximado que cada artículo del temario se tomará. El temario se coloca en un lugar donde sea visible para todos los miembros. La presentación del temario se hace en todas las reuniones del equipo: al inicio de la reunión, el facilitador pregunta si hay objeciones al temario o si algún miembro desea añadir algún artículo y, si es posible, el equi-

po decide modificar el temario. Los límites de tiempo señalados para cada artículo no son camisas de fuerza; sin embargo, ayudan a que los miembros se organicen mentalmente, al considerar el tiempo que tienen disponible y a que puedan proponer si es preferible posponer un artículo por falta de tiempo. (El apéndice incluye un ejemplo de un temario.)

(5) Indica quién facilitará la discusión, en caso de que no sea el líder mismo y pide que alguien sirva de anotador. (Este paso se repite en todas las reuniones del equipo. En el apéndice aparecen ejemplos de un formulario para levantar el acta y para evaluar las reuniones del equipo.)

2. Expresar la misión del equipo

La declaración de misión contesta la pregunta: ¿para qué existe este equipo? A través de discusión, los miembros llegan a un entendimiento común de los propósitos del equipo, sobre la base de la interpretación que hacen de la directiva empresarial que funda el equipo o de acuerdo con su propia conceptualización de la misión del equipo. Según van desarrollando la declaración de misión, los miembros también van clarificando qué papel desempeñar, en relación con el propósito del equipo.

> **LA MISIÓN:**
>
> - ¿Para qué existe este equipo?
> - ¿Cuáles son las nociones preconcebidas?

Los miembros por lo común tienen ideas preconcebidas en torno a las soluciones más apropiadas a los problemas de que se ocupe el equipo. Al discutir la misión del equipo, el grupo debe proceder a concentrarse menos en lo que pensaban antes de reunirse y más en lo que está por realizarse.

3. Ponerse de acuerdo sobre los principios de operación del equipo

Los miembros del equipo necesitan ponerse

de acuerdo sobre los principios que los guíen en el diálogo y la discusión. Estos son los principios de operación del equipo. El equipo mismo puede señalar esos principios sobre la base de la cultura predominante en la empresa. Sin embargo, lo contrario puede ser preferible si retar la cultura prevaleciente es, de hecho, uno de los propósitos del equipo en su búsqueda por soluciones creadoras para problemas.

Los principios de operación tienen que ver principalmente con normas de trabajo. El equipo debe estar listo también para ocuparse de las violaciones a los principios.

Ejemplos de tales principios incluyen las normas para participar ("Los miembros han de tolerar las ideas de los demás miembros y tratarán de comprender las ideas ajenas") y para el proceso que siga el equipo ("El equipo decidirá qué estrategias y planes seguir únicamente mediante el proceso de consenso").

El apéndice incluye un ejemplo de principios de operación.

4. Desarrollar un plan de acción para el equipo

El plan de acción del equipo articula el acuerdo a que ha llegado el equipo sobre el método de trabajo que han de seguir. El método debe cumplir con los objetivos del equipo.

El plan de acción del equipo determina qué miembros del equipo serán responsables de realizar cada uno de los artículos esenciales. Además, el plan de acción tiene que especificar qué producirá el equipo. Preferiblemente cada paso señalado en el plan debe producir un documento u objeto, según el tipo de equipo y de su misión. El último paso, por ejemplo, podría ser: "Presentar el informe final a la Junta de Directores". Ese producto final señala que el equipo ha cumplido su misión y puede desintegrarse o asumir una nueva tarea.

EL PLAN DE ACCIÓN

- Qué se hará
- Quién lo hará
- Para cuándo se hará

El plan de acción identifica la fecha límite para termina cada paso.

En el apéndice aparece un ejemplo de un formulario que puede usarse para un plan de acción (en la parte inferior del ejemplo de un acta).

Para repasar y pensar...

1. ¿Cuáles son los aspectos de la operación de un equipo?
2. ¿Qué efecto tiene sobre el equipo un miembro que se siente impedido de participar?
3. ¿Qué relación existe entre el nivel de participación y la calidad de las decisiones?
4. Si fuera usted el facilitador o la facilitadora de un equipo, ¿qué podría decir para controlar el comportamiento de un bloqueador?
5. En el ejemplo siguiente, ¿qué logros positivos puede obtener quien facilita una reunión? "Pablo, te agradezco que compartas esas preocupaciones. Espero que todos nos sintamos así de libres para presentar ideas. Voy a anotar tus puntos aquí, y tan pronto podamos, volvemos a ellos. Por el momento, vamos a seguir con el asunto que estábamos considerando".
6. ¿Qué puede opacar el clima de confianza en un equipo? (pág. 64)
7. ¿Qué función tiene el lenguaje contencioso en las deliberaciones del equipo? (pág. 67)
8. ¿Cuáles son las características de la reacción eficaz?

9. ¿Qué impacto tienen sobre el equipo los comentarios negativos en la reacción?
10. ¿Qué relación hay entre la influencia y el compromiso de los miembros con las decisiones?
11. ¿Cuáles son los tres aspectos de escuchar efectivamente?
12. ¿De qué modos verbales podemos demostrar atención al escuchar?
13. ¿En qué consiste la empatía?
14. ¿Cuáles son los contenidos que debe tomar en cuenta la audición activa?
15. ¿Qué se logra con la paráfrasis en el proceso de escuchar?
16. ¿Cómo puede manejarse el sentido de afiliación al equipo?
17. ¿Qué efecto tiene votar en el trabajo de un equipo?
18. ¿En qué consiste la tempestad de ideas?
19. ¿Qué cuatro pasos deben completarse para ayudar a que un grupo se convierta en equipo?
20. ¿Qué características tiene el temario de una reunión?

Apéndice

> **Modelo para el acta de una reunión**

ACTA

Nombre del Equipo: _____

Participantes: _____
               _____
               _____

Lugar: _____

Resumen de la discusión:

     1.
     2.
     3.
     ...
     n

Plan de acción:

     <u>Asignación</u>   <u>A cargo:</u>   <u>Fecha límite</u>

Fecha: _____ Anotador: _____

Modelo para un Temario de Reunión

Temario

Reunión del equipo_____Mejoramiento Continuo—Finanzas_____

Fecha: _____

Miembros citados:
1.
2.
3. ...

Lugar:_____   Hora: _____

Objetivo(s):
Seleccionar un método para evaluar la documentación del departamento; desarrollar un plan de acción para implantar el método.

Artículo (Qué, quién)	Proceso (Cómo)	Dur. (min.)
1. Nombrar al anotador y al cronometrador--líder	Voluntarios	2
2. Aceptar los objetivos—miembros	Consenso	5
3. Aceptar el temario—miembros	Consenso	5
4. Diálogo y discusión--miembros	Mesa redonda, tempestad de ideas	30

5. Resumen de los asuntos	Anotador	5
6. Asignación de prioridad y selección de los tres asuntos principales—facilitador y miembros	Técnica de grupo nominal	15
7. Evaluación de alternativas--miembros	Tempestad de ideas	15
8. Desarrollo de un plan de acción--miembros	Guía para un plan de acción	15
9. Resumen de la reunión--líder	Presentación oral	5
10. Determinación de la fecha y la hora para la próxima reunión--líder	Consenso	5

EJEMPLOS DE PRINCIPIOS DE OPERACIÓN.

(Los siguientes ejemplo no aparecen en ningún orden especial ni representan la totalidad de posibilidades.)

1. Los miembros tolerarán las ideas y opiniones de otros y tratarán de comprender esas ideas y opiniones.
2. Las decisiones se tomarán por consenso.
3. Todos los miembros tendrán igual categoría.
4. Los miembros escogerán al líder o al facilitador para llevar a cabo las reuniones.
5. Las reuniones se celebrarán profesionalmente; el respeto mutuo prevalecerá durante las discusiones.
6. Al cierre de cada reunión, se preparará el temario para la reunión siguiente.
7. Los artículos del temario se asignarán a miembros del equipo; los miembros prepararán el material asignado dentro de los límites de tiempo señalado.
8. El proceso para generar ideas durante las discusiones se separará del proceso de evaluarlas y seleccionarlas.
9. El acta de cada reunión será el documento en que se mantenga un expediente de los acuerdos principales.
10. Las reuniones se celebrarán en lugares que permitan la privacidad.
11. Todos los miembros podrán estar presentes en la pre-

sentación del informe final de trabajo.

12. Adiestramiento y otras formas de educación relacionadas con el trabajo por equipos estarán disponibles a los miembros, especialmente en las áreas de comunicación interpersonal y técnicas de solución de problemas.

13. El equipo reconocerá y se ocupará de resolver conflictos y obstáculos.

14. El líder del equipo coordinará todos los comunicados oficiales que competan al equipo.

| LISTA DE COTEJO PARA EL LÍDER DE REUIONES |

Antes de la reunión:

¿Hecho? ✔

1. Notificarles a los miembros del equipo el día, la hora y el lugar de la reunión.

2. Organizar y preparar los materiales necesario.

Al comienzo de la reunión:

1. Ponerse de acuerdo con los miembros sobre los objetivos.

2. Ponerse de acuerdo sobre la mejor estrategia para dirigir la reunión.

3. Seleccionar al anotador y al cronometrador.

Durante la reunión:

¿Hecho? ✔

1. Mantener el temario visible.

2. Seguir el temario.

3. Mantener la discusión en el tema.

4. Mantener la participación de todos los miembros.

5. Cuestionar en vez de dar opiniones.

6. Dirigir el proceso de toma de decisiones cuando sea necesario.

Al final de la reunión:

1. Resumir.

2. Establecer un plan de acción.

Durante nuestra próxima reunión, probablemente deberemos mejorar la manera en que ejecutamos las siguientes actividades: _____
_____
_____
_____

REFERENCIAS

Avery, Christopher M. *Teamworkis an individual skill*. San Francisco, California, Berrett Koehler, 2001.

Babcock, Daniel L. *Managing engineering and technology*. Englewood Cliffs, N.J., PrenBerg,

Bales, Robert Freed. *Interaction process analysis, a method for the study of small groups*. London, Forgotten Books, 2017.

Berg, Deanna H. "Building team commitment to quality", en *Quality Congress Transactions*. Milwaukee, American Society for Quality Control, 1988, págs. 21-26.

Blanchard, Ken; Carew, Don; Parisi-Carew, Eunice. "How to get your group to perform like a team", en *Training and Development*, septiembre 1996 (Vol. 50, Núm. 9), págs. 34-37.

Borman, Ernest G. *Discussion and group methods*. 2da. edición. New York, Harper and Row, 1989.

Bucholz, S. y Roth, T. *Creating the high performance team.* New York, Wiley, 1987.

Business Week [Revista]. "The payoff from teamwork," 10 julio 1989, pág. 48.

Denton, D. Keith. "Four steps to resolving conflicts", en *Quality Progress*, abril 1989, pág. 29.

Fisher, Kimball. *Tips for teams, a ready reference for solving common team problems.* New York, McGraw-Hill, 1995.

Hall, Edward T. *The silent language.* New York, Anchor, 1973.

Holman, Peggy y Devane, Tom. *The change handbook, group methods for changing the future.* Virginia Beach, Virginia, Koehler Publishers, 2007.

Jones, L. y McBride, R. *An introduction to team approach problem solving.* Milwaukee, Quality Press, 1990.

Katzenbach, J. y Smith, D. *The wisdom of teams, creating the high-performance organization.* Cambridge, Mass., Harvard Business School Press, 1993.

Kelly, Mark. *The adventures of a self-managing team*. San Diego, Pfeiffer & Co., 1991.

Mankin, Don; Cohen, Susan G.; Bikson, Tora K. *Teams and technology*. Cambridge, Mass., Harvard Business School Press, 1996.

Maxwell, John C. *The 17 indisputable laws of teamwork, embrace them and empower your team*. Nashville, Tennessee, Thomas Nelson Publishers, 2001.

Mintzberg, Henry. *Managing*. Virginia Beach, Virginia, Berrett Koehler Publishers, 2011.

Newstrom, J. y Scannell, E. *Games trainers play*. New York, McGraw-Hill, Inc., 1980. Vol. I, 1990; Vol. II, 1993.

Senge, Peter M. *The fifth discipline, the art and practice of the learning organization*. New York, Doubleday, 1990.

Tuckman, B. W. "Developmental sequence in small groups", en *Psychologcal Bulletin*, vol. 63, págs. 384-389.

Winchell, William. *Continuous quality improvement, a manufacturing professioinal's guide*.

Michigan, Society of Manufacturing Engineers, 1991.

www.ingramcontent.com/pod-product-compliance
Lightning Source LLC
Chambersburg PA
CBHW071557220526
45469CB00003B/1045